T0390250

Conoce a los caballos

Los caballos purasangres

por Rachel Grack

Bullfrog
en español

Ideas para padres y maestros

Bullfrog Books permite a los niños practicar la lectura de textos informativos desde el nivel principiante. Las repeticiones, palabras conocidas y descripciones en las imágenes ayudan a los lectores principiantes.

Antes de leer
- Hablen acerca de las fotografías. ¿Qué representan para ellos?
- Consulten juntos el glosario de las fotografías. Lean las palabras y hablen de ellas.

Durante la lectura
- Hojeen el libro y observen las fotografías. Deje que el niño haga preguntas. Muestre las descripciones en las imágenes.
- Léale el libro al niño o deje que él o ella lo lea independientemente.

Después de leer
- Anime al niño para que piense más. Pregúntele: ¿Has visto alguna vez un caballo purasangre? ¿Dónde lo viste? ¿Era rápido?

Bullfrog Books are published by Jump!
5357 Penn Avenue South
Minneapolis, MN 55419
www.jumplibrary.com

Library of Congress Cataloging-in-Publication Data is available at www.loc.gov or upon request from the publisher.

ISBN: 979-8-89662-151-5 (hardcover)
ISBN: 979-8-89662-152-2 (paperback)
ISBN: 979-8-89662-153-9 (ebook)

Editor: Katie Chanez
Designer: Molly Ballanger
Translator: Annette Granat
Content Consultant: Heather Jensen, North Country Thoroughbreds

Photo Credits: Alexia Khruscheva/iStock, cover; Osetrik/Shutterstock, 1; marinat197/Shutterstock, 3; Bill Frakes/Sports Illustrated/Getty, 4, 23tr; Cheryl Ann Quigley/Shutterstock, 5; George Zilberman/Dreamstime, 6–7, 23br; Nicole Ciscato/Shutterstock, 8–9, 23tl; Accept001/Dreamstime, 10; GeptaYs/Shutterstock, 11, 23tm; Fotomaha/Shutterstock, 12–13, 23bm; sergio_kumer/iStock, 14, 15; Saeed Dahab/Shutterstock, 16–17; sirtravelalot/Shutterstock, 18–19, 23bl; mgstudyo/iStock, 20–21; Olga_i/Shutterstock, 22; Anaite/Shutterstock, 24.

Printed in the United States of America at Corporate Graphics in North Mankato, Minnesota.

Tabla de contenido

Caballos de carreras

Estos caballos compiten alrededor de una **pista**.

¡Son purasangres!

Ellos tienen patas largas.

Dan grandes **zancadas**.

¡Son rápidos!

Sus **pelajes** son de muchos colores.

El pelaje de Dulcinea es negro.

Es brillante.

pelaje

¡Los **potrillos** juegan!
Los purasangres tienen
mucha **energía**.

13

Ellos son fuertes.

Corren y saltan.

Neón está en una carrera larga.

No se detiene.

17

Gracia juega al **polo**.

¡Qué divertido!

Sultán da paseos.

¡Él es un buen amigo!

Un vistazo a un caballo purasangre

¿Cuáles son las partes de un caballo purasangre?
¡Échales un vistazo!

crin

hocico

cola

pelaje

pata

casco

Glosario de fotografías

energía
La habilidad de hacer cosas sin cansarse.

pelajes
El pelo de los caballos.

pista
Un circuito para las carreras.

polo
Un juego a caballo en el que los equipos usan mazos para meter pelotas en las porterías.

potrillos
Caballos jóvenes.

zancadas
Pasos largos.

Índice

Para aprender más

Aprender más es tan fácil como contar de 1 a 3.

1 Visita **www.factsurfer.com**

2 Escribe "**loscaballospurasangres**" en la caja de búsqueda.

3 Elige tu libro para ver una lista de sitios web.